CARNET de MORALE

PAR

F. POUSSEL

Inspecteur primaire
ANCIEN DIRECTEUR D'ÉCOLE NORMALE

> Pour faire en tout son devoir,
> il faut d'abord le connaître ;
> la bonne volonté ne suffit pas.

MISTRAL, LIBRAIRE-ÉDITEUR
Place du Commerce, 6, CAVAILLON
1899

CARNET

de

MORALE

CARNET
de
MORALE

PAR
F. POUSSEL
Inspecteur primaire
ANCIEN DIRECTEUR D'ÉCOLE NORMALE

> Pour faire en tout son devoir,
> il faut d'abord le connaître ;
> la bonne volonté ne suffit pas.

MISTRAL, LIBRAIRE-ÉDITEUR
Place du Commerce, 6, CAVAILLON
1899

Le livre I, qui traite des principes, s'adresse surtout aux élèves qui suivent le cours supérieur des écoles primaires. Il pourra être laissé pour les élèves du cours moyen. Néanmoins, il serait bon que l'instituteur développât ces leçons sans obliger les élèves à apprendre ensuite les résumés.

PRÉFACE

L'enseignement de la morale est d'introduction récente dans le programme des écoles primaires.

C'est un enseignement difficile, auquel n'avaient pas été préparés un grand nombre de maîtres et de maîtresses encore en exercice. Aussi, dans ces dernières années, on a publié un nombre considérable de manuels, et il y a peut-être quelque prétention à vouloir en ajouter encore un à la liste déjà si longue. Mon excuse, la voici :

L'instituteur qui m'apprit à lire, il y a déjà près d'un demi-siècle, m'apprit aussi, peut-être sans le vouloir, à étudier mes leçons et à suppléer à l'absence de toute explication ou commentaire par une réflexion qui aiguisa mes facultés. Il aurait pu m'expliquer les leçons au préalable ; j'aurais été sans doute et plus loin et plus vite ; mais si ses explications avaient dû se substituer entièrement à mes efforts, est-il sûr que cela m'eût été plus profitable ? Voilà ce que je ne puis admettre. Les observations que j'ai pu faire dans le courant de mes visites aux écoles n'ont pas changé mon opinion.

Dire que nos écoles actuelles valent mieux que celles d'autrefois, c'est d'une évidence qui frise la naïveté ; mais peut-on dire qu'elles valent ce qu'elles pourraient valoir, c'est-à-dire qu'elles donnent tous les résultats qu'on serait en droit d'attendre du zèle et du dévoue-

ment du personnel enseignant? c'est avoir un optimisme que je ne puis partager.

A mon avis, nos programmes et nos méthodes ont été fixés par des considérations où le sentiment et l'enthousiasme tenaient une trop grande place. Après l'abus du livre, on tomba dans l'abus de l'exposition.

Voici ce que dit un des maîtres de l'éducation de notre époque : « Ce que l'éducation doit chercher à développer
« chez l'enfant, c'est l'énergie de la volonté. Il faut se
« tenir en garde contre le système de l'éducation at-
« trayante. Supprimer toute épreuve, tout effort ; ins-
« truire en amusant, former le caractère par des lectures
« ou des récits qui captivent, enrichir sans même qu'il
« s'en doute le cœur de toutes les vertus, voilà la pré-
« tention d'une certaine école de pédagogie... Repous-
« sons cette fausse philanthropie qui brise par avance
« dans un jeune organisme les facultés maîtresses, en lui
« épargnant toutes les occasions de vouloir. Ne crai-
« gnons pas d'apprendre à l'enfant que la vie n'est pas
« une perpétuelle partie de plaisir..... » (1)

C'est exact ; la vie n'est pas une perpétuelle partie de plaisir, et puisque la mission de l'école est de préparer l'enfant à la vie, que l'éducation, sans être trop sévère, soit un peu plus virile. Que le maître explique les leçons, qu'il les commente de manière à rendre plus profitable le travail de l'élève ; mais qu'il se garde de supprimer totalement l'effort de ce dernier, ce qui, d'ailleurs, n'est pas possible.

Il y a quelques années, les instituteurs et les institutrices (ceux de la région tout au moins) furent invités à

(1) Carrau,

établir un carnet de préparation pour l'enseignement de la morale. Ce travail que je dus examiner dans l'arrondissement d'Apt au moment même où je revenais à l'inspection, fut, en général, fait avec une bonne volonté incontestable. Le carnet, auquel on avait laissé des pages blanches pour le compléter à mesure, devint la cheville ouvrière de l'enseignement moral.

Les maîtres, guidés par le plan de leur carnet, font une leçon qui aboutit au résumé du même carnet. Ce résumé est dicté ou écrit sur le tableau noir, les élèves le transcrivent sur leur cahier de morale et l'apprennent ensuite. Telle a été l'économie de l'enseignement moral. (Je ne parle pas des lectures ou des récitations correspondantes).

Je n'insisterai pas sur les inconvénients de ce système ; il suffit de parcourir les cahiers des élèves de quelques écoles prises même parmi les bonnes pour qu'ils sautent aux yeux des moins prévenus ; sans compter que le temps est limité pour l'enseignement des diverses parties du programme.

Le présent opuscule est destiné à remplacer le carnet de morale de l'élève. Il ne renferme, pour chaque leçon, qu'un résumé qui doit être appris par les enfants. Le maître doit exposer la leçon s'il est à même de le faire ; j'avertis ceux que j'ai l'honneur de diriger que je suis moins exigeant, et que, d'avance, je me déclare satisfait de ceux qui commentent ces leçons de manière à ce que rien ne reste obscur dans l'esprit des élèves. Pour cela ils n'auront plus à recourir à des ouvrages très savants où ils risqueraient de se perdre. Comme le carnet leur donne l'essentiel que je crois avoir condensé, ils n'auront qu'à développer les leçons en faisant appel à leur expérience personnelle, en excitant la réflexion des élèves par des interrogations bien posées. Quand rien ne sera plus obscur pour les enfants, ce sera leur tour d'apprendre ces leçons qu'ils devront savoir à la classe suivante.

La récitation de la leçon gagnera beaucoup à être transformée en interrogations. J'aurais pu faire suivre chaque leçon d'un questionnaire approprié ; mais je ne veux pas me substituer aux maîtres ; j'aurais pu aussi faire suivre chaque leçon d'une lecture, et mettre la morale en action à côté de la leçon de morale ; mais alors j'aurais fait un livre, tandis que j'ai voulu seulement remplacer le carnet de morale en raison des difficultés qu'il y a à arriver à ce que les élèves le tiennent convenablement.

Une bonne école est celle où le maître et les élèves unissent leur travail et mettent en commun leurs efforts. J'ai voulu faire gagner du temps à tous et les aider dans cette partie si délicate, mais si nécessaire du programme, l'enseignement moral. Puissent les résultats qu'ils obtiendront être en rapport avec ceux que j'attends du dévouement des maîtres et de l'application des élèves.

F. POUSSEL.

LIVRE I
LES PRINCIPES

PREMIÈRE LEÇON
L'ordre dans l'univers

Une graine, mise dans la terre, donne naissance à une plante semblable à celle qui l'avait produite ; cette plante se développe dans un ordre tel qu'on peut prévoir ce qui va se passer. Les oiseaux font leurs nids chaque année à la même époque, et nous sommes sûrs de revoir l'hirondelle à chaque printemps.

L'observation nous montre que tout s'exécute selon des règles invariables qu'on appelle les **lois de la nature**. Le hasard est seulement un mot dont nous nous servons pour cacher notre ignorance.

Les lois de la nature sont **invariables et fatales** ; leur accomplissement est inévitable toujours et partout. S'il en était autrement, la science serait impossible ; les savants ne pourraient prédire les éclipses, ni indiquer les remèdes pour combattre les maladies, puisque ce qu'ils auraient remarqué une fois pourrait ne plus se reproduire. Bien plus, la vie elle-même serait impossible ; comment ne pas s'empoisonner si les mêmes espèces de champignons étaient tantôt comestibles, tantôt nuisibles ? Pourquoi le cultivateur sèmerait-il son champ si la récolte pouvait n'être pas attendue ?

DEUXIÈME LEÇON

Les animaux et l'homme

L'observation des animaux montre que tout ce qu'ils font est exécuté avec régularité et précision : les abeilles construisent leurs cellules, les hirondelles font leurs nids, les jeunes poussins picotent les graines sans que ni les uns ni les autres ne l'aient appris, ni même vu faire à leurs parents. Ils suivent leur instinct.

L'instinct est une manière d'agir que la nature a donné aux animaux pour les conduire au but pour lequel ils ont été créés.

L'instinct a tous les caractères des lois de la nature. Il est **fatal**. Nous ne pouvons nous figurer un animal qui en serait privé. Le renard qui mange une poule n'est pas coupable ; si on lui fait la chasse, c'est, non pour le punir, mais pour se préserver de ses dommages.

L'homme est le seul parmi les êtres de la création qui soit **libre**, c'est-à-dire le seul qui puisse agir d'une façon, sachant qu'il pourrait faire le contraire.

Quelqu'un, par exemple, trouve une somme d'argent. Personne ne le voit. Il doit la rendre ; mais il peut la garder. Qu'il la restitue ou qu'il se l'approprie, il sent qu'il pourrait faire le contraire : **il est libre**.

La liberté dont il s'agit ici n'est pas le pouvoir de tout faire, c'est l'aptitude à réagir contre la fatalité et à travailler à notre destinée, contrairement à l'animal qui suit son instinct en aveugle.

Le sentiment de la liberté fait de l'homme le roi de la création. Nous admirons une personne vertueuse parce qu'elle a du mérite à être telle, tandis que l'observation des abeilles nous porte à admirer la nature et la sagesse de son Auteur et non l'insecte qui n'est qu'un instrument.

TROISIÈME LEÇON
La loi morale

L'homme est encore un être doué de **raison**, c'est-à-dire capable de discerner le bien du mal. Seul il a conscience de quelque chose qui doit être fait et de quelque chose qui doit être évité.

La loi morale est la loi naturelle à laquelle l'homme est soumis relativement à ses actions voulues. L'ensemble de ses prescriptions est ce qu'on nomme le **devoir**.

La loi morale est appelée loi naturelle par opposition aux lois civiles ou écrites. Ces dernières, faites par les hommes, sont inspirées par les conditions dans lesquelles se trouve la société, et varient avec ces conditions mêmes ; tandis que la loi morale est **universelle, immuable et éternelle**. Ce qu'elle prescrit à un homme, elle le prescrit à tous, elle n'a cessé d'être la même dans tous les temps et aucun changement n'y sera jamais apporté.

Des progrès sont possibles, sans doute ; mais ces progrès consistent, non dans des modifications apportées à la loi, mais dans une connaissance plus approfondie de cette même loi, s'imposant de plus en plus au respect de tout homme digne de ce nom.

La loi morale est encore **obligatoire**. Elle ne nous contraint pas, elle nous oblige. On l'a appelée un impératif catégorique, ses prescriptions étant absolues. « Sois tempérant et tu vivras longtemps. » C'est là un conseil de prudence qui n'a de valeur qu'autant que je tiens à vivre. La morale nous dit, sans condition, « sois tempérant. »

QUATRIÈME LEÇON

La conscience

Les prescriptions de la loi morale nous sont révélées par la **conscience**.

La **conscience** est cette voix intérieure qui nous dit ce qui est bien et ce qui est mal, qui nous prescrit de faire l'un et d'éviter l'autre, qui nous récompense ou nous punit selon que nous avons suivi ou méconnu ses prescriptions.

L'homme seul a la conscience parce que, seul, il a la raison, et la conscience n'est pas autre chose que la raison nous dictant notre conduite.

Dans le langage courant, on dit quelquefois d'un homme qu'il n'a pas de conscience, ce qui désigne quelqu'un qui n'est pas privé de cette faculté, mais qui ne tient aucun compte de ses prescriptions et qui s'efforce même d'en étouffer la voix.

La loi morale pourrait toute se résumer dans ce précepte, « Agis selon ta conscience. » Mais la conscience, comme la raison, est susceptible de se développer par l'éducation. Notre premier devoir est de la cultiver pour que sa voix soit toujours plus forte que celle de nos passions et aussi pour la mettre en garde contre les faux raisonnements ou sophismes qui peuvent l'égarer.

Sous l'influence de la colère par exemple, la conscience peut nous laisser considérer la vengeance comme légitime. Ravaillac et Charlotte Corday commirent leurs crimes sous l'impulsion de leur conscience égarée par de faux raisonnements.

CINQUIÈME LEÇON
La personnalité humaine

Quand on dit que l'homme est une personne, on exprime par un seul mot que c'est un être qui a conscience de soi, qui est libre et doué d'une intelligence raisonnable. On l'oppose en même temps à tous les autres êtres qui sont des choses.

Contrairement à l'animal qui, inconsciemment, joue son rôle dans la nature, la personne peut, par la raison, comprendre l'idée de perfection, par la liberté, orienter sa conduite vers cette même perfection et s'attribuer le mérite de ses progrès. La personne a une valeur infinie, et rien au monde ne peut lui être comparé en dignité.

L'homme se jugeant infiniment supérieur aux autres êtres de la création se doit à lui-même de conserver cette supériorité, de l'accroître même, en conformant entièrement sa conduite au devoir.

Le devoir nous commande de nous montrer des personnes en toutes circonstances et de traiter nos semblables comme des personnes.

Nos actions sont conformes au devoir, quand le motif qui nous fait agir serait valable pour toute autre personne. Tromper autrui, par exemple, c'est manquer au devoir, parce qu'on ne peut se permettre à soi-même ce qu'on blâmerait chez les autres.

SIXIÈME LEÇON
L'intérêt et le devoir

La plupart des actions humaines sont dictées par l'intérêt. L'intérêt est un mobile si général et si puissant que quelques moralistes ont vu en lui la raison de tous nos actes.

On a même essayé de démontrer que la loi morale ne nous commande pas autre chose que la recherche de notre intérêt ; mais quelque soin qu'on ait pris de nous dire qu'il s'agit de l'intérêt bien entendu, la conscience refuse d'assimiler l'**intérêt** et le **devoir**.

Si l'intérêt et le devoir étaient identiques, loin de blâmer les égoïstes, nous devrions les admirer. L'homme le plus habile serait en même temps le plus honnête ; mais la conscience ne commet pas de pareilles erreurs.

Le devoir et l'intérêt ont des caractères propres qui ne sont pas seulement différents, mais opposés.

Le devoir est **obligatoire** ; nous ne sommes pas tenus de rechercher notre intérêt.

Le devoir est **impersonnel**, ce qu'il m'ordonne, il l'exige également des autres personnes, tandis que l'intérêt des uns va souvent contre l'intérêt des autres.

Le devoir est **immuable**, tandis que ce qui peut servir notre intérêt aujourd'hui pourrait nous nuire dans d'autres circonstances.

La conscience ne peut admettre que l'honnête homme puisse souffrir de son honnêteté. Ordinairement la pratique du devoir est la voie la plus sûre pour la réalisation de notre véritable intérêt. Mais, ce qu'il ne faut pas oublier, c'est que le bonheur est la conséquence de la vertu. C'est la récompense et non l'objet du devoir.

SEPTIÈME LEÇON

La responsabilité

Par la conscience l'homme connaît son devoir, et, comme il est libre, il peut conformer sa conduite aux prescriptions de la loi morale.

De l'idée du devoir et de celle de la liberté découle immédiatement la **responsabilité** ; dire que l'homme est responsable, c'est dire que les conséquences bonnes ou mauvaises de sa conduite doivent être mises sur son compte. Un homme est d'autant plus responsable qu'il a plus conscience et qu'il a à un plus haut point le sentiment de sa liberté.

La responsabilité est nulle quand la raison fait absolument défaut comme chez les idiots. Très jeunes, les enfants ne savent pas distinguer le bien du mal, ils ne sont pas responsables ; mais la raison ne tarde pas à s'éveiller en eux, et la responsabilité croît avec la raison.

L'ivrogne qui ne sait plus ce qu'il fait n'est pas, à proprement parler, responsable de ses actes ; mais il est coupable de s'être mis volontairement au niveau de la brute, et il est juste qu'on lui impute le mal qu'il peut faire.

La responsabilité est une charge ; mais une charge qui honore. On a parfois regretté que l'instruction nous ait tiré de l'innocence primitive ; c'est regretter que l'homme soit supérieur aux animaux.

HUITIÈME LEÇON
Les sanctions de la loi morale

On appelle sanctions d'une loi l'ensemble des récompenses et des punitions destinées à assurer l'exécution de cette loi.

Les lois physiques n'ont pas de sanctions, leur accomplissement étant nécessaire.

La loi morale a ses sanctions. L'accomplissement habituel et fidèle de la loi, la vertu, nous conduit au bonheur, tandis que nous sommes punis si nous violons cette même loi.

Le devoir se présente à nous avec un caractère absolu et nous avons à le remplir quelles qu'en soient les conséquences. Cependant un instinct nous crie que le bien doit être récompensé et le mal puni, parce que cela est conforme à l'ordre. Les récompenses et les punitions sont nécessaires, non pour justifier le devoir, mais pour assurer le triomphe de la justice.

Les sanctions de la loi morale sont les suivantes :

1º **Sanction de la conscience.** — Quand nous faisons le bien, la conscience nous approuve et cette satisfaction est une récompense d'une douceur infinie ; quand nous faisons le mal, nous sommes punis par le **remords.**

2º **Sanction de l'opinion.** — L'honnête homme jouit de l'estime de ses semblables ; celui qui manque à ses devoirs est flétri par l'opinion publique.

3º **Sanction naturelle.** — Une conduite réglée est une garantie de santé et de bonheur, tandis que les vices entraînent après eux des conséquences funestes : l'intempérance est la cause la plus ordinaire des maladies.

Les sanctions qui précèdent ne satisfont pas entièrement la justice, dont le triomphe nous paraît nécessaire. L'opinion publique se trompe quelquefois et les reproches de la conscience ne touchent plus les criminels endurcis.

L'homme vertueux remplit son devoir quoi qu'il advienne. Néanmoins les plus grands penseurs de tous les temps s'accordent pour admettre que la justice sera pleinement satisfaite dans une vie future où Dieu récompensera chacun selon ses œuvres.

LIVRE II

LA FAMILLE

NEUVIÈME LEÇON

La Famille

La **Famille** est la société naturelle des êtres unis par le sang. Elle se compose du père, de la mère, des enfants et quelquefois des grands-parents.

Dans cette petite société, chacun a des devoirs à remplir, et ces devoirs diffèrent suivant le rôle que la nature assigne à chaque membre de la famille.

L'union dans la famille est la source la plus pure du bonheur pour les individus, en même temps que la garantie de la moralité publique. De là l'importance des devoirs de famille qui font l'objet des leçons suivantes.

Quand on vit ensemble, quand on s'aime les uns les autres, quand chacun aime les autres plus que soi, quand il est heureux de ce qui leur arrive de

bien, malheureux de ce qui leur arrive de mal, quand il est prêt à les soigner s'ils ont besoin de lui, à les défendre si on les attaque, quand il aime mieux souffrir que de les voir souffrir et qu'on n'est ensemble qu'un seul cœur, cela c'est la famille.

BERSOT.

DIXIÈME LEÇON
Devoirs du Père et de la Mère

L'enfant est, à sa naissance, dans un grand état de faiblesse, et son développement ne se fait qu'avec une extrême lenteur. Contrairement à ce qui se passe pour les animaux, il reste longtemps à pouvoir se suffire, et il périrait infailliblement s'il était livré à lui-même.

D'un autre côté, l'enfant qui vient au monde hérite des qualités et des défauts des parents. Il se ressent forcément de l'état de santé de ces derniers, de leur honorabilité, de leur fortune et de la première éducation qui lui est donnée.

Ces considérations établissent la terrible responsabilité qui pèse sur les parents relativement aux enfants qu'ils ont appelés à la vie.

Ils doivent d'abord les **nourrir**, les **soigner**, veiller au développement de leur corps et à leur première éducation. Plus tard, ils doivent les guider dans le choix d'un état, et, dans la mesure du possible, leur fournir les moyens d'arriver à une situation honorable.

Quel que soit l'âge des enfants, les parents leur doivent **l'affection** et, en tout, le **bon exemple.**

Le plus grand respect est dû à l'enfant, et respecter l'enfant n'est possible qu'à la condition de se respecter scrupuleusement soi-même.

L. CARRAU.

ONZIÈME LEÇON

Devoirs des Enfants envers les Parents

Les enfants doivent tout à leurs parents, ce qu'ils sont, ce qu'ils ont, ce qu'ils pourront être un jour. Le premier devoir des enfants envers les parents est donc l'amour inspiré par **la reconnaissance.**

Pour l'enfant qui aime ses parents, les autres devoirs sont faciles. Il doit les **respecter.** Le respect des parents s'étend à toute la famille et remonte aux ancêtres qui, eux aussi, ont travaillé à nous faire ce que nous sommes.

Le respect et la reconnaissance concourent à former ce qu'on appelle la **piété filiale.**

L'enfant doit **obéir** à ses parents qui ont pour eux l'expérience et qui ne commandent jamais que ce qui leur est prescrit par le devoir.

Quand les parents sont âgés et que l'enfant est devenu un homme, l'obéissance devient de la **déférence.** Témoigner de la déférence à ses parents, c'est écouter leurs conseils avec attention et faire appel à leur expérience surtout dans les occasions difficiles.

L'enfant est encore tenu de venir en aide à ses parents parvenus à la vieillesse. Il leur doit un appui matériel et moral en cherchant à adoucir, autant qu'il est en son pouvoir, les dernières années de leur existence.

Il faut honorer pendant leur vie les auteurs de nos jours ; c'est la première, la plus indispensable de toutes les dettes.

PLATON

DOUZIÈME LEÇON

Autres Devoirs des Enfants dans la Famille

Les enfants qui ont le bonheur d'avoir encore leurs grands-parents doivent penser souvent à ce que ces derniers ont fait pour leur père et leur mère. C'est à eux que revient le mérite de ces traditions d'honneur que tous doivent chercher à perpétuer dans la famille.

Ces considérations et les témoignages d'amour que les grands-parents prodiguent à leurs petits-enfants doivent inspirer à ces derniers des sentiments de **respect** qui vont jusqu'à la **vénération**. Non-seulement les petits-enfants doivent les aimer et leur obéir, mais encore **prévenir leurs désirs** et chercher à leur éviter tout ce qui pourrait leur faire de la peine.

Les **serviteurs** ou **domestiques** sont, ainsi que l'indique ce dernier nom, des habitants de la maison. Ils sont un peu de la famille. Les enfants ne doivent pas oublier que les domestiques sont des personnes qui méritent le respect. Ces domestiques ont parfois quitté leur propre famille pour travailler et venir en aide à leurs parents pauvres et âgés. Ils sont encore plus dignes d'égards. En toute circonstance, les enfants doivent les respecter et leur témoigner même de l'affection.

Cet homme que vous appelez votre domestique, n'oubliez pas qu'il est formé des mêmes éléments que vous, qu'il aspire le même air, qu'il vit et meurt comme vous.

SÉNÈQUE

TREIZIÈME LEÇON
Devoirs des Frères et des Sœurs

Les devoirs des frères et des sœurs sont tous résumés par l'amour. Les frères et les sœurs doivent **s'aimer entre eux :**

1° Parce qu'ils ont le même père et la même mère qui les aiment également. Aimer ses frères et ses sœurs, c'est d'abord contenter son père et sa mère et remplir un devoir envers ces derniers.

2° Parce que nos frères et nos sœurs sont nos amis les meilleurs et les plus dévoués. S'il est triste de vivre seul et sans amis, il ne l'est pas moins de n'avoir ni frère ni sœur, car eux surtout doublent nos joies et diminuent nos peines en les partageant avec nous.

L'aîné qui aime les plus jeunes, leur doit en tout le **bon exemple** ; il doit aussi les **protéger**, les **aider** de ses conseils et **seconder** les parents pour les soins de leur éducation.

Les plus jeunes qui aiment l'aîné, doivent écouter docilement les avis et les conseils de ce dernier, lui **être soumis** et lui témoigner la confiance qu'ils doivent à celui qui, souvent, supplée les parents absents, et qui, dans le malheur, peut les remplacer à jamais.

L'esprit de famille doit survivre à la mort des parents ; quand ces derniers ont disparu les frères et les sœurs doivent continuer leurs bonnes relations et s'aimer toute la vie.

Défendez-vous de l'égoïsme, imposez-vous chaque jour d'être généreux dans vos relations fraternelles.
SYLVIO PELLICO.

LIVRE III

L'ÉCOLE

QUATORZIÈME LEÇON

Devoirs de l'Enfant à l'école

L'école est une sorte de famille où les maîtres et les maîtresses ont sur leurs élèves, les mêmes droits que les pères et les mères de ces enfants.

Par son âge, son savoir et son expérience, l'instituteur connaît ce que réclament l'instruction et la bonne éducation de ses élèves. L'importance de sa mission lui dicte ses devoirs.

Les enfants doivent à celui qui se dévoue pour les instruire, les bien élever, et qui est donc pour eux comme un second père, le **respect**, **l'obéissance** et la **reconnaissance**.

La reconnaissance se manifeste par la bonne conduite, l'exactitude et l'application.

Le bon élève qui satisfait son maître ne remplit pas seulement un devoir ; il travaille en même temps pour lui-même et il recueillera le fruit de son assiduité et de son application. L'instruction n'est plus un luxe, comme on le croyait autrefois, elle est indispensable. C'est pour cette raison qu'on a créé tant d'écoles, et qu'une loi a été faite pour rendre l'instruction obligatoire.

C'est être un monstre que de ne pas aimer ceux qui ont cultivé notre âme.
VOLTAIRE.

QUINZIÈME LEÇON
Devoirs des écoliers entre eux

L'école étant une famille, les élèves ont entre eux des devoirs analogues à ceux qui leur incombent en tant que frères et sœurs.

Ils doivent **s'entr'aider** pour le bien, c'est-à-dire pour tout ce qui est permis par le règlement, se montrer **bienveillants** pour leurs camarades et ne pas oublier que tous sont égaux et ont les mêmes droits à la sollicitude du maître.

Les plus grands surtout doivent **l'exemple** de l'obéissance, de la bonne conduite et de l'application. C'est le meilleur moyen pour eux de se montrer reconnaissants envers l'instituteur.

Comme les enfants d'une même famille, les élèves d'une même école doivent avoir à cœur l'honneur de l'établissement où ils sont élevés, ce à quoi ils peuvent contribuer par l'exact accomplissement de leurs devoirs de chaque jour.

Après avoir quitté l'école, l'enfant doit continuer à lui témoigner sa reconnaissance en fréquentant le cours d'adultes où il pourra en même temps poursuivre son instruction et donner encore le bon exemple à ses camarades plus jeunes.

L'école est une petite patrie dans la grande, une patrie moins large assurément, mais plus intime.

Ed. ABOUT

LIVRE IV
LA PATRIE

SEIZIÈME LEÇON
La Patrie

La **Patrie** est le pays où nous sommes nés, le pays que nos ancêtres ont arrosé de leur sueur et parfois de leur sang ; c'est l'étendue du territoire habité par ceux qui parlent le même langage et ont tous les mêmes aspirations.

Notre **Patrie** à nous, c'est la **France**.

Le **patriotisme** ou l'amour de la Patrie, est un sentiment aussi naturel que l'amour de la famille. La réflexion transforme ce sentiment en un devoir.

C'est pour nous tous un devoir que d'aimer la France. Nous aimons la France dont nous sommes fiers d'être les enfants. Son histoire nous émeut à toutes les époques, soit qu'elle ait remporté des victoires éclatantes, soit que ses ennemis coalisés aient pu la vaincre et arrêter momentanément son essor vers un idéal de justice qui a toujours dicté sa conduite dans le monde.

Le drapeau symbolise l'âme de la France; c'est pourquoi sa vue fait tressaillir nos cœurs. Saluer le drapeau, c'est obéir à un sentiment naturel; mais c'est aussi le devoir d'un bon citoyen et d'un bon Français.

Mourir pour la Patrie est un si digne sort,
Qu'on briguerait en foule une si belle mort.
CORNEILLE.

DIX-SEPTIÈME LEÇON
La Société et l'État

Les hommes se sont rapprochés sous l'impulsion de deux mobiles :

1º L'instinct de la sociabilité qui les porte à communiquer leurs idées et leurs sentiments.

2º La nécessité de se protéger mutuellement, afin de pouvoir vivre en sécurité.

De là s'est constitué, après la tribu, l'État que l'on confond quelquefois avec la **Patrie**.

L'**État** est une association politique; il est constitué surtout par la communauté des lois. Les **citoyens** sont tous ceux qui obéissent aux mêmes lois et participent aux charges de l'association.

Dans l'État, il faut une autorité qui surveille et dirige les intérêts de tous. En France, cette autorité c'est le peuple, c'est-à-dire l'ensemble des citoyens, qui la possède et qui la délègue par son vote, à ceux qui lui paraissent les plus dignes. Voilà ce qu'on entend quand on dit que le peuple est souverain.

Notre qualité de citoyens nous crée une catégorie de devoirs spéciaux appelés devoirs civiques.

Flatter le peuple, lui parler sans cesse de ses droits et jamais de ses devoirs, c'est vraiment lui manquer de respect.

MARION

DIX-HUITIÈME LEÇON
Devoirs Civiques

Le premier et le plus important est **l'obéissance aux lois.** Ce devoir résume tous les autres.

Les lois ont pour objet d'assurer l'ordre et la sécurité publique ; elles garantissent nos droits et elles sont l'expression de la volonté du peuple lui-même pour un idéal de justice et de liberté.

Malgré les précautions que l'on prend pour que les lois soient l'expression de la justice, elles peuvent être susceptibles de progrès. On peut souhaiter qu'elles soient améliorées, mais tant qu'elles subsistent, leur respect absolu s'impose.

Les violer, c'est vouloir substituer sa volonté à celle du peuple, c'est manquer à l'engagement qui fait de nous des citoyens, c'est s'attaquer à la sauvegarde de nos libertés et travailler inconsciemment à l'avènement du despotisme ou à celui de l'anarchie.

L'obéissance aux lois implique le **respect des magistrats** qui sont chargés de les faire exécuter et de punir ceux qui les ont méconnues.

Un bon citoyen souffre sans murmurer tout ce que la patrie lui commande de souffrir; la plus grande des impiétés c'est de lui désobéir.

SOCRATE.

DIX-NEUVIÈME LEÇON

Devoirs Civiques *(suite)*

Payer l'impôt, faire son service militaire, faire instruire ses enfants, prendre part au vote sont autant de devoirs du citoyen. Les remplir, c'est d'abord obéir à la loi.

L'impôt est l'argent demandé par l'État à tous les citoyens qui, participant aux avantages qu'assurent les services publics, doivent contribuer dans la mesure de leurs ressources aux dépenses que nécessitent ces services.

L'armée nous procure la sécurité ; elle défendrait l'honneur de la France s'il était attaqué. Le **service militaire** est justement exigé de tous les citoyens valides ; chercher à s'y soustraire en se mutilant, c'est commettre un crime.

Les parents ne peuvent, sans trahir leurs devoirs, laisser leurs enfants dans l'ignorance. La loi leur fait une **obligation** de les envoyer à l'école, parce que ces enfants seront plus tard des citoyens d'autant plus capables de remplir leurs devoirs qu'ils seront plus instruits.

Enfin la morale nous prescrit de prendre part au vote. Voter n'est pas seulement un droit, c'est un devoir qu'il faut remplir avec intelligence et désintéressement.

C'est faire acte de patriotisme que de remplir tous ces devoirs sans amertume et sans attendre d'y être contraint par les moyens dont disposent les personnes chargées de faire exécuter les lois.

Je trouve les impôts très justes, quoique très lourds, parce que, dans tout pays, excepté dans celui des chimères, un Etat ne peut payer ses dettes qu'avec de l'argent.

VOLTAIRE.

LIVRE V

DEVOIRS ENVERS SOI-MÊME

VINGTIÈME LEÇON
La Dignité Humaine

L'homme a des devoirs vis-à-vis de lui-même. Serait-il seul dans une île déserte que ces devoirs s'imposeraient encore à lui.

Si je suis l'obligé de quelqu'un, et si ce dernier me tient quitte de ce que je lui dois, mon devoir tombe par cela même. Quel devoir ai-je envers moi, si je me dispense moi-même de toute obligation ?

C'est là un faux raisonnement.

Les deux personnes qui sont ici en présence, ne sont pas les mêmes ; c'est moi tel que je suis en présence de moi tel que je dois être, c'est-à-dire en présence de ma **personne morale** qui, loin de pouvoir abdiquer sa dignité, sa noblesse, doit au contraire la respecter et même la développer sans cesse. C'est donc à tort qu'on dit quelquefois pour excuser les fautes de quelqu'un : « Après tout, il n'a fait tort qu'à lui-même. »

Le respect de ma dignité est le principe de mes devoirs personnels, comme le respect de la dignité humaine chez les autres est le principe de nos devoirs envers nos semblables.

Les devoirs personnels sont, les uns relatifs au corps, les autres relatifs à l'âme et le plus souvent aux deux réunis.

Nul ne peut être heureux s'il ne jouit de sa propre estime.

J.-J.-ROUSSEAU

VINGT-ET-UNIÈME LEÇON
Devoirs envers nous-mêmes

Notre premier devoir est celui de **vivre** et, autant que possible, de nous conserver en bonne santé.

Ce devoir est la condition de tous les autres. Celui qui, volontairement, sort de la vie par le **suicide** commet un véritable crime et trahit en même temps tous ses devoirs.

Le suicide a pu quelquefois ressembler à un acte de courage ; mais, quoi qu'on ait pu dire, se suicider, c'est déserter son poste dans la vie, et il faudrait un courage encore plus grand pour vivre et réparer les torts qu'on a pu avoir et qui ont déterminé cet acte de désespoir. On peut donc dire que ce courage apparent cache une lâcheté.

Le suicide est heureusement assez rare ; ce qui l'est moins, ce sont les excès de toutes sortes qui nuisent à notre santé et nous mettent dans l'impossibilité d'accomplir nos devoirs.

Le médecin qui soigne un malade commence par lui défendre tout travail ; mais si la maladie est survenue par notre faute, l'impossibilité momentanée de remplir notre devoir nous est imputable. Voilà pourquoi, c'est un devoir et le premier de tous, de ne rien faire qui nuise à notre santé.

Le suicide est un vol fait au genre humain.

J.-J.-ROUSSEAU.

VINGT-DEUXIÈME LEÇON

Devoirs envers le corps. — La propreté

Le corps n'est que l'instrument de l'âme ; il est inférieur à cette dernière, mais il est son support indispensable et nous avons des devoirs qui le concernent spécialement.

En premier lieu, nous devons nous tenir dans un parfait état de propreté.

La **propreté** a une grande influence sur la santé. A ce titre, la propreté est un devoir de conservation personnelle ; mais elle est encore autre chose ; elle suppose **l'ordre** et le sentiment de notre dignité. On peut dire que là où sa nécessité ne se fait pas sentir, la civilisation est incomplète.

Tenir son corps dans un grand état de propreté, c'est aussi témoigner du respect pour les personnes avec qui nous sommes en relation ; on peut même dire que se tenir propre est, jusqu'à un certain point un devoir envers nos semblables.

Il y a plus de rapports qu'on ne pense entre la propreté du corps et la pureté de l'âme.

Madame Pape CARPENTIER

VINGT-TROISIÉME LEÇON

Devoirs envers le corps. — Sobriété et Tempérance.

La nature a attaché à la satisfaction de nos besoins un plaisir qui n'est d'abord qu'un excitant à suivre ses lois. Tel est le plaisir qu'on éprouve quand on mange de bon appétit. Ce plaisir qui, à l'origine, n'est qu'un stimulant, est pris quelquefois comme but à atteindre ; on finit par manger ou par boire pour jouir du plaisir éprouvé par la satisfaction de la faim ou de la soif.

Nous devons satisfaire les besoins de notre corps, puisque sa conservation l'exige ; mais cette même conservation exige tout aussi impérieusement que nous ne dépassions pas les limites de la tempérance.

La **tempérance** consiste à éviter tous les excès et à n'accorder aux plaisirs des sens que ce qu'exige la conservation de la santé. Bornée au plaisir de manger et de boire, la tempérance devient la **sobriété,** dont les vices opposés sont la **gourmandise et l'ivrognerie.**

Les devoirs de tempérance sont encore justifiés par cette considération que l'intempérance porte gravement atteinte à nos facultés intellectuelles. Le gourmand et l'ivrogne sont incapables de toute bonne résolution ; ils se mettent au niveau de la brute en abdiquant toute dignité.

L'ivrogne boit les larmes, le sang, la vie de sa femme et de ses enfants.

LAMMENAIS

VINGT-QUATRIÈME LEÇON

Les biens extérieurs

Nous avons établi plus haut que notre premier devoir est de vivre. Mais le devoir de vivre justifie la nécessité des **biens extérieurs** sans lesquels la vie serait incomplète et même impossible.

Pour vivre, il faut se nourrir, se vêtir, se loger, ce qu'on ne peut faire si l'on n'a pas des aliments, des vêtements et une maison. Réduite à cela, la vie humaine serait bien précaire ; la civilisation a créé d'autres besoins moins impérieux, mais cependant bien légitimes ; tel que le besoin de s'instruire qui exige des livres.

La possession des biens extérieurs est liée à notre conservation personnelle ; elle est donc **nécessaire** et le désir de se procurer ces biens est légitime.

Dans les leçons suivantes, nous examinerons les devoirs qui nous incombent relativement aux biens extérieurs.

Ceux qui ont beaucoup sont obligés de donner beaucoup ; la mesure de leurs aumônes doit être celle de leurs richesses.

FLÉCHIER

VINGT-CINQUIÈME LEÇON

Le Travail

On acquiert les biens extérieurs par le **travail**. Nous avons établi que ces biens sont indispensables pour assurer notre existence et notre indépendance ; il suit de là que le travail est nécessaire.

Travailler, c'est employer notre activité à quelque chose d'utile.

On distingue généralement le **travail intellectuel** du **travail manuel,** mais cette distinction n'implique aucune supériorité, car tout travail a sa noblesse. Entre l'architecte qui, par l'établissement d'un projet, rend plus productif le travail de l'ouvrier, et le maçon qui réalise le plan conçu par l'architecte, il n'y a aucune hiérarchie ; les deux travaux se complètent mutuellement et sont égaux en dignité.

Le travail n'est pas seulement une nécessité, c'est aussi un devoir. Par le travail, l'homme exerce les diverses facultés de son être. Les facultés se développent, elles acquièrent une plus grande puissance au profit de sa dignité. L'opinion publique ne se trompe pas ; l'estime dont jouissent les hommes laborieux est pleinement justifiée.

Le travail répondant à un besoin de notre nature est un **plaisir**. Heureux ceux qui éprouvent le plaisir le plus noble entre tous d'une journée bien remplie ou d'une tâche difficile qu'ils ont menée à bonne fin.

Le travail est la sauvegarde de toutes les vertus, comme l'oisiveté est la mère de tous les vices.

Le travail éloigne de nous trois grands maux : l'ennui, le vice et le besoin.

VOLTAIRE

VINGT-SIXIÈME LEÇON

L'Economie

Il ne suffit pas de se procurer les biens extérieurs, il faut savoir les conserver par l'économie.

L'économie consiste à nous abstenir de toute dépense superflue ou inutile, sans nous priver du nécessaire. C'est une vertu qui tient le juste milieu entre la **prodigalité** et **l'avarice**.

Tout en assurant le bon usage des biens extérieurs, l'économie est encore un devoir de dignité personnelle. Celui qui emploie sagement le fruit de son travail s'assure, non-seulement l'existence, mais l'**indépendance** ; car l'économie nous évite la nécessité d'avoir recours à autrui, ce qui nous abaisse à nos propres yeux et aux yeux de ceux dont nous devenons les obligés.

Le **prodigue,** qui dépense sans compter, arrive à manquer du nécessaire. L'**avare,** qui amasse pour le seul plaisir d'amasser, est l'esclave de ses richesses, tandis que ces dernières n'ont de valeur qu'autant qu'elles nous permettent d'augmenter notre indépendance et notre dignité.

Qui vit content de peu connaît l'indépendance.
De BERNIS

VINGT-SEPTIÈME LEÇON
La Prévoyance et l'Épargne

L'homme a le privilège de n'être pas exclusivement absorbé par le présent ; l'avenir le préoccupe aussi à juste titre.

L'observation montre que la vie ne peut être entièrement consacrée au travail ; quand nous sommes jeunes, nos parents suffisent à nos besoins. Mais comment y pourvoirons-nous quand viendra l'âge où le travail n'est plus possible et, souvent, les besoins plus nombreux ? C'est un devoir de prévenir ces difficultés et de les éviter par la **prévoyance et l'épargne.**

L'épargne est une réserve prélevée sur notre superflu pour nous ménager le nécessaire dans les temps de chômage ou pendant la vieillesse.

Afin de favoriser la pratique de l'épargne qui est une vertu, des sociétés de prévoyance et de secours mutuels se sont formées dans le but de venir en aide à ceux qui sont frappés par la maladie ou qui arrivent à la vieillesse. La **mutualité** a sur l'épargne proprement dite cet avantage que la question de prévoyance se joint au sentiment de la **solidarité** qui unit tous les hommes.

Celui qui achète le superflu sera bientôt obligé de vendre le nécessaire.
FRANKLIN

VINGT-HUITIÈME LEÇON
Les dettes et le jeu

La **paresse**, a-t-on dit avec raison, est la mère de tous les vices. En effet, le paresseux a comme les autres, et, à cause de ses loisirs, plus que les autres, des besoins qu'il doit satisfaire, ce qui exige des ressources qu'il est incapable de demander au travail. De là à contracter des dettes, il n'y a qu'un pas.

Éviter les dettes est d'abord un conseil de

prudence; celui qui s'endette n'a plus de repos jusqu'au jour où il aura pu se libérer. Mais ne pas faire de dettes, hors le cas d'absolue nécessité, est aussi un devoir; car s'endetter c'est aliéner son indépendance, et s'exposer à ne pouvoir tenir plus tard ses engagements.

Un paresseux est souvent un **joueur**. Incapable de tout effort suivi, il demande à la chance les ressources qui lui sont nécessaires. S'adresser au hasard pour se procurer de l'argent, c'est faire injure à nos facultés, c'est se ravaler et se mettre en état de chercher plus tard dans le vol et même dans le crime ce qu'on a déjà tort de demander à la chance.

Le jeu qui, au début, ne semble pas bien grave, ne tarde pas à devenir une passion funeste. Le joueur perd, avec sa fortune, la tranquillité, l'amour du travail et le goût des plaisirs honnêtes.

Il est indigne d'un homme de faire des courbettes et de s'humilier devant un autre homme. Celui qui se fait ver a-t-il le droit de se plaindre ensuite quand on l'écrase ?

KANT

VINGT-NEUVIÈME LEÇON
Devoirs envers l'âme

Nous avons dit (20ᵉ leçon) que le respect de

soi est le principe de nos devoirs personnels, mais ce respect est encore plus impérieux quand il s'agit de l'âme dont le corps n'est en somme que l'instrument.

L'âme se manifeste par ses facultés qui sont la **sensibilité, l'intelligence** et la **volonté.**

Nous devons respecter ces facultés, c'est-à-dire nous abstenir de tout ce qui pourrait les altérer ou les amoindrir. Les respecter ne constitue qu'une partie, et la plus faible, de notre devoir ; il faut encore les exercer, les cultiver afin de les perfectionner sans cesse.

Régler notre sensibilité, la diriger vers les joies pures de l'esprit infiniment supérieures aux plaisirs des sens, cultiver notre intelligence par l'instruction dont le but est la connaissance du vrai, affermir notre volonté en luttant contre nos passions qui l'enchaînent, tels sont nos devoirs envers l'âme ; les devoirs qui font l'objet des leçons suivantes se rapportent à l'une ou à l'autre de ces facultés.

Souviens-toi que tu es homme et ne te laisse pas avilir ; souviens-toi que tu n'es qu'un homme et ne te laisse pas enorgueillir.

P. JANET

TRENTIÈME LEÇON
Véracité et Sincérité

Par son intelligence, l'homme est capable de comprendre les choses et de raisonner ses actions. Mais l'intelligence a besoin de se nourrir comme le corps; son aliment est la vérité.

La nature a mis en nous une tendance à nous éclairer et nous rendre compte, c'est l'instinct de curiosité qui se manifeste chez les enfants et qui, chez l'homme, se transforme en une vertu appelée la **véracité**.

La **curiosité** qui nous pousse à savoir pour savoir est excellente, puisqu'elle est l'aiguillon de notre instruction. Il ne faut pas la confondre avec cette autre curiosité qui consiste à vouloir connaître les secrets d'autrui et à nous immiscer dans les affaires qui ne nous regardent pas. Loin d'être une vertu, cette curiosité devient un vice appelé **l'indiscrétion**.

La **véracité** ou amour désintéressé de la vérité ne va pas sans la **sincérité** qui consiste à ne jamais altérer la vérité, et sans la **franchise** qui consiste à la proclamer ouvertement.

Les vices opposés à ces vertus sont le **mensonge** et la **dissimulation**.

Pourquoi vouloir monter sur des échasses pour paraître plus grand ? Sois ce que tu es et rien de plus.
MAINE DE BIRAN

TRENTE-ET-UNIÈME LEÇON
Devoir de s'instruire

L'instruction n'est pas seulement nécessaire parce qu'elle augmente notre savoir et nous permet de nous faire une place honorable dans la société ; mais c'est aussi un **devoir.**

En cultivant son intelligence, l'homme s'éloigne de plus en plus des animaux. Grâce aux connaissances qu'il acquiert, il est plus apte à comprendre la raison des choses. Il peut prendre alors ses déterminations en connaissance de cause et il augmente ainsi le mérite des actions qui lui sont imputables. S'instruire est un moyen d'augmenter notre dignité.

L'ignorance, quand elle est volontaire, est une faute grave. C'est le poison de l'intelligence, et la cause la plus ordinaire de nos erreurs qui sont des fautes, quand nous n'avons pas fait tout ce qui dépendait de nous pour les éviter.

S'instruire est aussi un devoir envers nos semblables, car tout le monde profite des progrès de chacun ; c'est enfin un devoir envers Dieu qui, nous donnant l'intelligence, nous a implicitement imposé le soin de la cultiver par la recherche de ce qui est vrai, de ce qui est beau, de ce qui est bien.

La science est la compagne de la sagesse.

TRENTE-DEUXIÈME LEÇON

La Modestie

S'instruire est un devoir ; mais que devons-nous apprendre ?

La première connaissance, celle qui nous intéresse par dessus toutes les autres est la connaissance de nous-mêmes : « **Connais toi toi-même** » est le précepte de la sagesse antique.

Celui qui se connaît véritablement est modeste.

La **modestie** est le juste sentiment de ce que nous valons, ce qui nous engage à travailler sans cesse à notre perfectionnement, sans nous laisser aller à une insouciance coupable, et aussi le juste sentiment de ce que nous pourrions être ce qui nous préserve de l'orgueil.

L'**orgueil** est un développement excessif de de notre amour-propre, qui fait que nous nous exagérons notre valeur et qui nous inspire le dédain pour nos semblables.

La **vanité** est le besoin de paraître, c'est l'orgueil pour les petites choses. Elle se manifeste souvent par la **coquetterie** et la **frivolité**.

L'orgueilleux est révoltant par son insolence et sa brutalité, le vaniteux n'est souvent que ridicule ; tandis que l'homme modeste voit l'estime de ses semblables corroborer l'approbation de sa conscience.

La modestie est au mérite ce que les ombres sont aux figures dans un tableau : elle lui donne de la force et du relief.

LA BRUYÈRE

TRENTE-TROISIÈME LEÇON
Le Courage

L'intelligence nous éclaire sur les devoirs qui nous incombent ; mais s'il est nécessaire de connaître nos devoirs, il est tout aussi nécessaire de les accomplir. La volonté doit aussi être l'objet de notre attention.

Dans les occasions critiques, un homme peut, sous l'influence de la peur par exemple, perdre son sang-froid et s'abandonner aux événements. La morale condamne cette abdication. Il faut être courageux pour accomplir son devoir en tout et partout ; le courage est la base de toutes les vertus.

Au sens le plus ordinaire du mot, le **courage** est la force d'âme qui nous fait braver le danger et même la mort, quand l'accomplissement du devoir est à ce prix.

On distingue parfois le courage civil du courage militaire. Ce dernier a souvent à s'exercer en temps de guerre. Il est beau de voir des héros comme La Tour d'Auvergne mourir pour sauver une armée; mais il est beau aussi le dévouement dont font preuve le médecin en temps d'épidémie, le citoyen qui, dans un incendie, expose ses jours pour sauver la vie d'un de ses semblables qu'il ne connaît même pas, le magistrat qui fait son devoir au milieu d'une émeute.

Le courage prend différents noms selon les conditions dans lesquelles il se manifeste. La **modération** dans le succès, la **patience** dans les épreuves, la **résignation** dans le malheur, la **persévérance** en présence des difficultés, sont autant de formes du courage. Dans toutes ces situations, l'homme conserve, avec son sang-froid, la direction de ses actes, il est courageux.

Il ne faut pas confondre le courage avec la **témérité** qui consiste à braver le danger sans nécessité. Il n'y a aucun mérite à risquer sa vie pour montrer seulement qu'on n'a pas peur.

Le courage n'est pas, tant s'en faut, l'emportement dicté par la **colère**. Cette dernière qu'on a appelé justement une courte folie est le contraire du vrai courage. Dans la colère, l'homme est le jouet de ses passions, tandis que le courage consiste à rester maître de soi dans toutes circonstances.

Les grands travaux s'exécutent non par la force, mais par la persévérance.
JOLNSON

TRENTE-QUATRIÈME LEÇON
Devoirs envers les Animaux

Les animaux agissent par instinct ; ils n'ont ni la parole, ni la raison, ni la liberté et, par conséquent, ne sont pas responsables. Ils n'ont par suite ni droits, ni devoirs.

Ils se rapprochent de l'homme par la sensibilité ; leurs souffrances nous émeuvent et la nature nous avertit de ne pas les maltraiter.

A proprement parler nous n'avons aucun devoir envers les animaux ; mais les maltraiter, c'est manquer à nos devoirs personnels. Tuer sans nécessité, imposer une souffrance inutile, c'est montrer un cœur fermé à la compassion, c'est manquer de bonté, c'est faire injure à notre qualité de personne raisonnable. Celui qui est cruel envers les animaux devient insensible aux souffrances de ses semblables, c'est un mauvais cœur.

Frapper les animaux, c'est encore faire preuve

d'ingratitude, car les animaux nous rendent de grands services.

Le charretier qui frappe son cheval n'est pas seulement cruel, c'est aussi un lâche et un sot ; un lâche qui s'acharne contre un animal sans défense, un sot parce qu'il devrait, le plus souvent, s'en prendre à sa maladresse.

La loi Grammont punit de l'amende et même de la prison, ceux qui ont publiquement et abusivement exercé de mauvais traitements envers les animaux domestiques.

Les animaux domestiques ont donné toute la fidélité, toute l'affection dont leur humble nature est capable ; il y aurait ingratitude à ne pas leur en témoigner une sorte de reconnaissance.

L. CARRAU

LIVRE VI

DEVOIRS ENVERS LES AUTRES

TRENTE-CINQUIÈME LEÇON
La Justice et la Charité

L'homme ne pourrait vivre seul, c'est un être éminemment **sociable**. Cette qualité nous crée tout un ensemble de devoirs appelés devoirs envers nos semblables.

Le respect de notre dignité est le principe de nos devoirs personnels, avons-nous dit, mais nous devons aussi respecter la dignité humaine chez les autres personnes, là est le principe de nos devoirs sociaux.

Deux mots, **justice** et **charité**, résument tous nos devoirs envers nos semblables.

La **justice** est la loi du respect ; elle nous prescrit de ne pas faire aux autres ce que nous ne voudrions pas qu'on nous fît ; ou, plus simplement, elle nous défend de faire le mal à autrui.

La **charité** est la loi de l'amour ; elle nous

prescrit de faire aux autres ce que nous voudrions qu'on fît à nous-mêmes ; ou encore, elle nous ordonne de faire le bien à nos semblables.

Les devoirs de justice sont appelés quelquefois devoirs stricts, parce que nos semblables peuvent en exiger l'accomplissement ; mais la conscience nous prescrit les devoirs de charité avec non moins de force, et ces devoirs sont tout aussi obligatoires que les autres.

Le soleil n'attend pas qu'on le prie pour faire part de sa lumière et de sa chaleur. Fais de même tout le bien qui dépend de toi, sans attendre qu'on te le demande.

EPICTÈTE,

TRENTE-SIXIÈME LEÇON
Respect des personnes dans leur vie

Le premier de nos devoirs de justice est de respecter la vie d'autrui. « **Tu ne tueras point.** » Tuer est un crime irréparable ; la loi écrite enregistre scrupuleusement cette défense.

Il y a des degrés dans ce crime ; l'homicide prémédité et accompli de sang-froid est appelé **assassinat** ; l'homicide commis dans un moment de colère s'appelle **meurtre**. Moins odieux que l'assassinat, le meurtre est une faute bien plus grave que l'homicide par imprudence.

Nous n'avons pas le droit d'attenter à la vie d'autrui ; mais nous avons le droit et le devoir de défendre la nôtre, si nous sommes attaqués. Si, pour repousser une agression, nous ne pouvons sauver notre vie qu'en tuant la personne qui nous attaque, nous avons le droit de le faire, nous sommes dans le cas de légitime défense.

Le droit de légitime défense ne nous permet de tuer notre agresseur que s'il nous est impossible de garantir autrement notre vie. On abuserait de ce droit, si l'on tuait un malfaiteur, alors qu'il aurait été possible de le mettre seulement dans l'impossibilité de nous tuer nous-mêmes.

A la guerre, le soldat tue pour ne pas être tué, il est dans le cas de légitime défense.

La morale condamne sans appel le **duel**, **l'assassinat politique**, le meurtre par vengeance. Le précepte « tu ne tueras point » est sans exception, il comprend cet autre : tu ne te laisseras pas tuer.

Le duel est un suicide conditionnel subordonné à un homicide manqué ; il est donc doublement condamné par la morale.

TRENTE-SEPTIÈME LEÇON

Respect des personnes dans leur liberté

Après la vie, ce qu'il y a de plus sacré dans l'homme, c'est la **liberté**. Par la liberté, l'homme use de ses facultés comme il l'entend, sous sa propre responsabilité, à la seule condition de ne pas nuire aux droits des autres.

Priver une personne de sa liberté, c'est violer tous ses droits, c'est la traiter comme une simple chose.

La privation de la liberté et de tous les droits qu'elle implique place l'homme sous la condition de **l'esclavage**. Le **servage** était, sous l'ancien régime, une forme adoucie de l'esclavage. La morale condamne l'un et l'autre comme de véritables crimes que la conscience publique réprouve énergiquement.

L'esclavage et le servage ont heureusement disparu de nos mœurs ; mais il reste encore des moyens d'attenter à la liberté d'autrui, c'est ce qui arrive quand un patron profite de la misère d'un ouvrier pour lui payer insuffisamment un travail. Il y a atteinte à la liberté, quand les ouvriers en grève empêchent ceux de leurs camarades qui veulent continuer le travail.

L'homme qui, par son intelligence ou sa fortune, possède un ascendant sur ses semblables peut parfois être porté à abuser de son influence. La morale lui fait un devoir de traiter ses semblables comme des personnes en respectant scrupuleusement leur liberté. La seule influence légitime est celle que peut donner l'exemple d'une préoccupation constante à respecter les droits d'autrui.

La liberté est un bien aussi précieux que la vie ; la respecter chez nos semblables n'est pas moins obligatoire que de s'abstenir de l'homicide.

L. CARRAU.

TRENTE-HUITIÈME LEÇON
Respect des personnes dans leurs biens

Les biens acquis par le travail sont notre propriété. Nous pouvons en disposer comme nous l'entendons et les transmettre à nos descendants par héritage.

Nous avons vu que les biens extérieurs sont nécessaires pour la satisfaction de nos besoins naturels. La morale nous commande le respect absolu des biens appartenant aux autres personnes.

La soustraction frauduleuse de la propriété

d'autrui constitue le **vol simple** qui prend plusieurs formes et que la loi punit sous les noms de **banqueroute, escroquerie, abus de confiance.**

Le **vol qualifié** est celui qui est accompagné de circonstances aggravantes, par exemple s'il est commis à main armée, la nuit, par plusieurs personnes, etc. Ce vol peut n'être pas seulement un attentat contre les biens, mais aussi contre les personnes.

La morale condamne comme **voleurs**, celui qui emprunte sachant qu'il ne pourra pas payer, celui qui trompe sur la quantité de marchandise, sa qualité, celui qui garde un objet trouvé, celui qui profite d'une erreur commise en sa faveur. On n'est vraiment honnête homme que si l'on respecte scrupuleusement les intérêts d'autrui.

La **probité** qui naît d'un vif sentiment de justice va plus loin encore ; elle consiste dans l'accomplissement rigoureux de tous nos devoirs de la vie sociale, y compris le souci de réparer les torts que nous avons pu commettre, même sans le vouloir.

De toutes les qualités qui peuvent conduire un homme à la fortune, celles qui ont les meilleures chances de succès sont la probité et l'intégrité.

FRANKLIN.

TRENTE-NEUVIÈME LEÇON

Respect des personnes dans leur honneur et leur réputation

L'honneur est le sentiment de ce qui nous élève à nos propres yeux et aux yeux de nos semblables. C'est notre propriété morale à laquelle nous sommes si attachés, qu'on voit souvent des personnes préférer la perte de la vie à celle de l'honneur.

Sans une bonne réputation, les autres biens ont peu de valeur; il est d'ailleurs impossible de réussir dans le monde.

Respecter les personnes dans leur honneur est encore un devoir de justice. On manque à ce devoir par la **calomnie** et la **médisance**.

La **calomnie** consiste à dire sur autrui le mal qu'il n'a pas fait, c'est un mensonge malfaisant.

La **médisance** consiste à divulguer sans nécessité les défauts ou les fautes d'autrui.

Au premier abord, il semble que la médisance soit moins grave que la calomnie, puisque cette dernière est doublée d'un mensonge; mais les mobiles qui l'inspirent la rendent tout aussi odieuse. Le médisant veut nuire; il parle par méchanceté, par envie ou par vanité.

On a tort d'écouter les médisants, mais on a raison de les mépriser, parce que la médisance nuit à tous : à celui qui en est l'objet, à celui qui la propage par suite de la triste opinion qu'il donne de lui, à celui qui l'écoute parce qu'il se fait le complice du médisant.

Il y aurait moins de médisants dans le monde, s'il y avait moins d'oreilles complaisantes pour les écouter.

Il en est des mauvaises intentions comme des écus : pour les prêter aux autres il faut les avoir soi-même.

A. THEURIET

QUARANTIÈME LEÇON
Respect des personnes dans leur intelligence

L'homme est un être capable de penser. A la suite des efforts qu'il fait pour connaître la vérité, il se forme des opinions qui sont les principes auxquels il conforme sa conduite.

Respecter les personnes dans leur intelligence, c'est ne rien faire qui puisse les gêner dans la recherche de la vérité. La vérité est le bien commun des intelligences, nul ne peut en être privé.

On manque à ce devoir par le **mensonge**.

Mentir c'est donner pour vrai ce qu'on sait être faux.

Le mensonge est plus ou moins grave selon les mobiles qui l'inspirent, mais c'est toujours une faute.

Le mensonge qui consiste à cacher ses vices et à se donner des qualités que l'on n'a pas, s'appelle **l'hypocrisie**; celui qui consiste à manifester pour autrui une admiration qu'on n'éprouve pas s'appelle la **flatterie**. Le **parjure** est un mensonge fait sous la foi d'un serment. Les menteurs, les flatteurs, les hypocrites, et les parjures sont justement flétris par l'opinion publique.

La **sincérité** et la **franchise**, qui sont les vertus opposées au mensonge, ont une grande importance en morale; car, ainsi que le dit Montaigne : « celui qui s'obligerait à tout dire s'obligerait à ne rien faire de ce qu'on est contraint de cacher. »

La franchise ne doit pas aller jusqu'à froisser les sentiments d'autrui ; elle serait alors non plus une qualité mais un défaut : la brutalité.

Le pire des animaux sauvages est le tyran, et des animaux domestiques, le flatteur.
PITTACUS

QUARANTE-ET-UNIÈME LEÇON

Respect des personnes dans leurs croyances

La **liberté de conscience** ne consiste pas seulement dans le pouvoir de penser librement (car nul ne saurait nous en empêcher), mais encore dans le pouvoir de nous conduire selon notre conscience et nos croyances. Cette liberté implique celle de professer son culte.

Respecter les personnes dans leurs croyances, c'est ne rien faire qui puisse les gêner dans leur manière de penser et de répandre ce qu'ils croient être la vérité, pourvu que les opinions professées ne soient pas contraires à l'ordre social ni à la justice.

Tout homme de bonne foi croit être en possession de la vérité. Mais qui peut se flatter d'avoir les opinions les plus justes ? et de quel droit les uns empêcheraient-ils les autres de faire prévaloir les leurs ?

Au moyen-âge, on brûlait les penseurs, plus tard, ou se contenta de brûler leurs écrits. Aujourd'hui on ne brûle plus ni les savants ni leurs livres ; mais **l'intolérance** se manifeste par la raillerie s'attaquant aux croyances les plus respectables et quelquefois par l'ostracisme dont on frappe ceux qui pensent autrement que nous.

L'**intolérance** est une faute et l'histoire prouve que c'est en même temps une sottise, puisqu'elle a toujours favorisé le triomphe des causes qu'elle se proposait de combattre et d'anéantir.

Au contraire, en nous montrant **tolérants** pour les autres, nous les disposons à se conduire de même à notre égard pour le plus grand bien de la vérité et de la justice.

Toutes les erreurs finissent par s'user, la vérité seule ne s'use pas.
E. de GIRARDIN

QUARANTE-DEUXIÈME LEÇON
Devoirs de charité.

Dans les leçons précédentes, il n'a été question que des devoirs de justice ; mais l'accomplissement de tous ces devoirs ne suffit pas. Il faut non-seulement ne pas faire le mal, mais encore faire le bien.

En réalité les devoirs de charité ne sont que le prolongement des devoirs de justice. La **justice** ordonne de respecter les personnes dans leur vie, leur honneur, etc., la **charité** exige davantage : elle nous commande de voler au secours de ceux dont la vie est en danger, de défendre nos semblables absents contre la calomnie et la médisance etc. A chaque devoir de justice correspond un devoir de charité.

Il est dans la nature de l'homme de s'associer aux émotions de ses semblables. Cette tendance appelée **sympathie**, répond si bien à notre nature sociable que nos joies se trouvent augmentées et nos peines diminuées quand les autres s'y associent. La **sympathie** nous porte à la **bienveillance** qui est la disposition à accueillir favorablement ceux qui viennent à nous.

La **bienfaisance**, plus active, passe des sentiments aux actes, et cherche par tous les moyens à faire du bien à autrui.

La bienveillance et la bienfaisance sont des manifestations de la **bonté**, source des plus hautes vertus auxquelles l'homme puisse atteindre.

La bienveillance donne plus d'amis que la richesse et plus de crédit que le pouvoir.
FÉNELON

QUARANTE-TROISIÈME LEÇON
L'aumône et la charité
Dans le langage ordinaire, la **bienfaisance**

est la vertu qui vient au secours des indigents par **l'aumône**.

On a prétendu, non sans apparence de raison, que l'aumône favorise quelquefois la paresse. C'est là néanmoins une excuse trop facile pour les égoïstes. Il est des cas où des secours immédiats sont nécessaires, par exemple, lorsque des personnes se trouvent dans le besoin par suite d'évènements malheureux qu'elles ne pouvaient prévoir.

L'**aumône** est d'autant plus méritoire qu'elle est faite avec plus de discrétion et qu'elle émane de personnes moins favorisées sous le rapport de la fortune.

Elle doit être faite avec **discernement** : il vaut souvent mieux procurer du travail, aux personnes valides, que de leur donner de l'argent, car on les met ainsi en mesure de sortir de leur situation.

L'**aumône** n'est qu'une forme de la charité ; donner son temps pour soigner les malades, instruire les pauvres, protéger et secourir les faibles, réconforter les malheureux, c'est aussi faire acte de charité.

La charité prévoyante qui tout en soulageant les maux de nos semblables s'efforce d'en prévenir le retour en s'attaquant aux causes mêmes de ces maux, s'appelle la **philanthropie**. Les institutions de bienfaisance, les hôpitaux, les asiles pour l'enfance abandonnée et pour la vieillesse, sont des œuvres philanthropiques.

Le bonheur du riche ne doit pas consister dans le bien qu'il a, mais dans le bien qu'il peut faire.

FLÉCHIER

QUARANTE-QUATRIÈME LEÇON

Formes supérieures de la charité
(Dévouement et sacrifice)

L'amour du bien et celui de nos semblables peut être si fort chez quelques personnes que ces dernières s'oublient elles-mêmes pour se dévouer entièrement aux autres.

Le **dévouement** peut aller jusqu'au sacrifice de ses biens et même de sa vie.

L'histoire a conservé le nom des héros qui se sont dévoués pour la Patrie. Mais le dévouement peut s'exercer autre part que sur un champ de bataille ou dans une calamité publique. Il a place dans nos devoirs de chaque jour. Le législateur, le magistrat, le fonctionnaire, tous ceux qui remplissent leurs devoirs professionnels avec désintéressement, oubliant leurs satisfactions personnelles pour ne penser qu'au bien qu'ils peuvent faire, sont des hommes de dévouement.

Enfin, on n'est vraiment charitable que si on est généreux, c'est-à-dire si l'on sait pardonner les injures.

La **générosité** chez les chefs de pouvoirs s'appelle la **clémence**.

> Soyons amis, Cinna, c'est moi qui t'en convie,
> Comme à mon ennemi je t'ai donné la vie,
> Et, malgré la fureur de ton lâche dessein
> Je te la donne encor comme à mon assassin.

Voilà les sentiments les plus nobles entre tous, sentiments qui exciteront à jamais l'admiration des hommes.

La générosité souffre des maux d'autrui comme si elle en était responsable.

VAUVENARGUES

LIVRE VII
DEVOIRS ENVERS DIEU

QUARANTE-CINQUIÈME LEÇON
Devoirs envers Dieu

De tout temps et dans tous les pays, on a admis que l'univers a une cause et qu'une intelligence suprême préside aux destinées du monde. Cette intelligence infinie et cette puissance sans borne révèlent l'existence de **Dieu**.

L'homme, qui a soif de justice, trouve que le parfait accomplissement de notre devoir en ce monde, ne concorde pas toujours, loin de là, avec le bonheur qui devrait en résulter. Le sentiment d'une autre vie naît de cette disproportion et l'on admet que celui qui a créé l'univers et l'homme récompensera chacun selon ses œuvres.

La démonstration de l'existence de Dieu ne peut revêtir une forme mathématique ; aussi tous ne conçoivent pas Dieu de la même façon et s'il n'y a qu'une seule morale, il y a plusieurs religions.

Indépendamment du culte auquel il appartient, l'homme a des devoirs envers Dieu.

Dieu étant la souveraine perfection, nous faisons sa volonté quand nous vivons honnêtement et que nous remplissons scrupuleusement tous nos devoirs. C'est encore un devoir que de l'aimer et de lui témoigner notre reconnaissance pour son infinie bonté.

La morale proclame encore que chacun a le devoir d'honorer Dieu et par conséquent, le droit de le faire selon sa conscience. La **piété** est toujours respectable quand elle est sincère. Soyons **tolérants** pour autrui ; **confiants** en la bonté divine ; mais que cette confiance n'aille pas jusqu'à nous dispenser des efforts méritoires que nous devons faire sur nous-mêmes : « **Aide-toi et le ciel t'aidera.** »

TABLE DES MATIÈRES

	Pages
Préface	7

LIVRE I
Les Principes

Première leçon. — L'ordre dans l'univers	11
Deuxième leçon. — Les animaux et l'homme	12
Troisième leçon. — La loi morale	13
Quatrième leçon. — La conscience	14
Cinquième leçon. — La personnalité humaine	15
Sixième leçon. — L'intérêt et le devoir	15
Septième leçon. — La responsabilité	16
Huitième leçon. — Les sanctions de la loi morale	17

LIVRE II
La Famille

Neuvième leçon. — La famille	19
Dixième leçon. — Devoirs du père et de la mère	20
Onzième leçon. — Devoirs des enfants envers les parents	21
Douzième leçon. — Autres devoirs des enfants dans la famille	22
Treizième leçon. — Devoirs des frères et des sœurs	24

LIVRE III
L'École

Quatorzième leçon. — Devoirs de l'enfant à l'école.. 27
Quinzième leçon. — Devoirs des écoliers entre eux.. 28

LIVRE IV
La Patrie

Seizième leçon. — La Patrie.................. 31
Dix-septième leçon. — La Société et l'État........ 32
Dix-huitième leçon. — Devoirs civiques........... 33
Dix-neuvième leçon. — Devoirs civiques (Suite).... 34

LIVRE V
Devoirs envers soi-même

Vingtième leçon. — La dignité humaine.......... 37
Vingt-et-unième leçon. — Devoirs envers nous-mêmes 38
Vingt-deuxième leçon. — Devoirs envers le corps.
               (La propreté)........ 39
Vingt-troisième leçon. — Devoirs envers le corps.
               (Suite) Sobriété et tempérance... 40
Vingt-quatrième leçon. — Les biens extérieurs..... 42
Vingt-cinquième leçon. — Le travail............. 43
Vingt-sixième leçon. — L'économie.............. 44
Vingt-septième leçon. — La prévoyance et l'épargne 45
Vingt-huitième leçon. — Les dettes et le jeu....... 46
Vingt-neuvième leçon. — Devoirs envers l'âme.... 47
Trentième leçon. — Véracité et sincérité.......... 49
Trente-et-unième leçon. — Devoir de s'instruire.... 50
Trente-deuxième leçon. — La modestie........... 51
Trente-troisième leçon. — Le courage............ 52
Trente-quatrième leçon. — Devoirs envers les animaux 54

LIVRE VI

Devoirs envers les autres

Trente-cinquième leçon. — La justice et la charité..	57
Trente-sixième leçon. — Respect des personnes dans leur vie..................................	58
Trente-septième leçon. — Respect des personnes dans leur liberté................................	60
Trente-huitième leçon. — Respect des personnes dans leurs biens................................	61
Trente-nenvième leçon. — Respect des personnes dans leur honneur et leur réputation.........	63
Quarantième leçon. — Respect des personnes dans leur intelligence.............................	64
Quarante-et-unième leçon. — Respect des personnes dans leurs croyances......................	66
Quarante-deuxième leçon. — Devoirs de charité....	67
Quarante-troisième leçon. — L'aumône et la charité	68
Quarante-quatrième leçon, — Formes supérieures de la charité. (Dévouement et sacrifice..........	70

LIVRE VII

Quarante-cinquième leçon. — Devoirs envers Dieu..	73

www.ingramcontent.com/pod-product-compliance
Lightning Source LLC
LaVergne TN
LVHW050621090426
835512LV00008B/1601